SingLiesel

Über den Autor:
Günter Neidinger wuchs mit fünf Geschwistern auf, studierte in Karlsruhe und wirkte lange Jahre als Lehrer und Rektor. Seit vielen Jahren ist er erfolgreicher Autor von Erzählungen, Geschichten und Vorlesebüchern. Seine Bücher zeichnet ein feiner Humor aus, der gerade ältere Menschen besonders anspricht.

MIX
Papier aus verantwortungsvollen Quellen
FSC® C014138
FSC www.fsc.org

Impressum:

Druck: FINIDR, Czech Republic
Satz: Röser MEDIA GmbH & Co. KG, Karlsruhe
ISBN 978-3-944360-48-5

Günter Neidinger

Wer reitet so spät durch Nacht und Wind?

Bekannte Gedichte zum Erinnern und Vorlesen

Inhaltsverzeichnis

Wo die Zweige …
…rauschen

… am Brunnen vor
dem Tore …

… ich träumt'
in seinem
Schatten …

… ich schnitt
in seine
Rinde …

… und immer hör
ich's rauschen …

… du fändest
Ruhe dort!

Kennen Sie dieses
Gedicht, das auch als
Lied sehr bekannt ist?

Es heißt …

Der Lindenbaum

Am Brunnen vor dem Tore

Am Brunnen vor dem Tore,
da steht ein Lindenbaum;
ich träumt' in seinem Schatten
so manchen süßen Traum.

Ich schnitt in seine Rinde
so manches liebe Wort;
es zog in Freud und Leide
zu ihm mich immer fort.

Ich musst' auch heute wandern
vorbei in tiefer Nacht,
da hab ich noch im Dunkel
die Augen zugemacht.

Und seine Zweige rauschten,
als riefen sie mir zu:
Komm her zu mir, Geselle,
hier findst du deine Ruh!

Die kalten Winde bliesen
mir grad ins Angesicht,
der Hut flog mir vom Kopfe,
ich wendete mich nicht.

Nun bin ich manche Stunde
entfernt von jenem Ort,
und immer hör ich's rauschen:
Du fändest Ruhe dort!

Wilhelm Müller

Der Dichter

Der Dichter, Johann Ludwig **Wilhelm Müller**, wurde 1794 in Dessau geboren. Bekannt ist er heute vor allem durch die beiden Gedichtzyklen *Die schöne Müllerin* und *Winterreise*. Sie wurden vertont von dem Komponisten Franz Schubert (1797–1828). Wilhelm Müller starb 1827 in Dessau. Dort steht sein Denkmal im Stadtgarten.

Der Lindenbaum

Das bekannteste Lied aus der *Winterreise* ist auch heute noch *Der Lindenbaum*. Ein richtiges Volkslied wurde es aber erst durch die Bearbeitung von Friedrich Silcher (1789–1866) unter dem Titel *Am Brunnen vor dem Tore*.

Auch andere Bäume wurden besungen

Horch, die alten Eichen rauschen … (ein Volkslied noch aus der Kaiserzeit)
Drei weiße Birken in meiner Heimat stehn … (auch heute in der Volksmusik gerne gesungen)
O Tannenbaum, o Tannenbaum … (eines der beliebtesten Weihnachtslieder)

Im Krug zum Grünen Kranze

Am 21. Mai 1821 heiratete Wilhelm Müller Adelheid von Basedow. Sie war die Schwester des Arztes Carl von Basedow. Dieser wurde durch die Beschreibung der Krankheit *Morbus Basedow* berühmt. Im Vorfeld der Heirat traf sich der Dichter mit dem Arzt in der Wirtschaft *Im Krug zum Grünen Kranze* in Halle. Er wollte Carl von Basedow um die Erlaubnis bitten, dessen Schwester zu heiraten.

Nach dieser Begegnung verfasste Wilhelm Müller das Gedicht *Brüderschaft*. In der Liedform von 1843 wird es auch heute noch gesungen:

Im Krug zum grünen Kranze,
da kehrt' ich durstig ein;
da saß ein Wandrer drinnen
am Tisch beim kühlen Wein.

Es endet mit der 5. Strophe:

Hei, wie die Becher klangen,
wie brannte Hand in Hand:
„Es lebe die Liebste deine,
Herzbruder, im Vaterland!“

In dürren Blättern …
… säuselt der Wind

… es ist der Vater
mit seinem Kind …

… er fasst ihn
sicher, er hält ihn
warm …

… sei ruhig,
bleibe ruhig,
mein Kind …

… erreicht den
Hof mit Müh
und Not …

… in seinen Armen
das Kind war tot.

Kennen Sie
dieses Gedicht?

Es heißt …

Erlkönig

Wer reitet so spät
durch Nacht und Wind?

Wer reitet so spät durch Nacht und Wind?
Es ist der Vater mit seinem Kind;
er hat den Knaben wohl in dem Arm,
er fasst ihn sicher, er hält ihn warm.

Mein Sohn, was birgst du so bang dein Gesicht? –
Siehst, Vater, du den Erlkönig nicht?
Den Erlenkönig mit Kron und Schweif? –
Mein Sohn, es ist ein Nebelstreif. –

„Du liebes Kind, komm, geh mit mir!
Gar schöne Spiele spiel ich mit dir;
manch bunte Blumen sind am dem Strand,
meine Mutter hat manch gülden Gewand."

Mein Vater, mein Vater, und hörest du nicht,
was Erlenkönig mir leise verspricht? –
Sei ruhig, bleibe ruhig, mein Kind;
in dürren Blättern säuselt der Wind. –

„Willst, feiner Knabe, du mit mir gehn?
Meine Töchter sollen dich warten schön;
meine Töchter führen den nächtlichen Reihn,
und wiegen und tanzen und singen dich ein."

Mein Vater, mein Vater, und siehst du nicht dort
Erlkönigs Töchter am düsteren Ort? –
Mein Sohn, mein Sohn, ich seh es genau:
Es scheinen die alten Weiden so grau. –

„Ich liebe dich, mich reizt deine schöne Gestalt;
und bist du nicht willig, so brauch ich Gewalt."
Mein Vater, mein Vater, jetzt fasst er mich an!
Erlkönig hat mir ein Leids getan! –

Dem Vater grauset's, er reitet geschwind,
er hält in den Armen das ächzende Kind,
erreicht den Hof mit Müh und Not;
in seinen Armen das Kind war tot.

Johann Wolfgang von Goethe

Der Dichter

Diese Ballade stammt aus der Feder des berühmten **Johann Wolfgang von Goethe**. Er wird oft als der größte deutsche Dichter bezeichnet oder „Dichterfürst" genannt. Seine Geburtsstadt ist Frankfurt am Main. Angeblich zählte „Frankfurter Grüne Soße" lebenslang zu seinen Leibgerichten. Goethe lebte von 1749 bis 1832.

Der Erlkönig

Goethe schrieb die Ballade im Jahr 1782 als Einlage zum Singspiel *Die Fischerin*. Ursprünglich stammt der Stoff aus dem Dänischen. Dort heißt der Erlkönig Ellerkonge. Das Wort ist eine Nebenform von Elverkonge, was auf Deutsch Elfenkönig bedeutet.
Bei einem Aufenthalt in Jena wurde der Dichter zu der Ballade inspiriert. Im nahen Dorf Kunitz soll damals ein Bauer mit seinem kranken Kind zu einem Arzt an der Universität geritten sein.

Schuberts Vertonung

Im Jahr 1815 vertonte der Komponist Franz Schubert Goethes Ballade für Singstimme und Klavier. Die Uraufführung 1821 in Wien war ein voller Erfolg.
Goethe selbst war von der Komposition nicht begeistert. Er lehnte die Form des durchkomponierten Liedes ab. Erst als 1830 die damals berühmte Opernsängerin Wilhelmine Schröder-Devrient die Ballade im Beisein des Dichters vortrug, war er mit der Vertonung einverstanden.

Im Wonnemonat …
… Mai

… da bleibe, wer Lust
hat, mit Sorgen zu Haus …

… wie die Wolken
dort wandern
am himmlischen
Zelt …

… Herr Vater,
Frau Mutter, dass
Gott euch behüt …

… o Wandern, o
Wandern, du freie
Burschenlust …

… wie bist du doch
so schön, o weite,
weite Welt!

Kennen Sie
dieses Gedicht?

Es heißt …

Der Mai ist gekommen

Der Mai ist gekommen, die Bäume schlagen aus,
da bleibe, wer Lust hat, mit Sorgen zu Haus!
Wie die Wolken dort wandern am himmlischen Zelt,
so steht auch mir der Sinn in die weite, weite Welt.

Herr Vater, Frau Mutter, dass Gott euch behüt!
Wer weiß, wo in der Ferne mein Glück mir noch blüht;
es gibt so manche Straße, da nimmer ich marschiert,
es gibt so manchen Wein, den ich nimmer noch probiert.

Frisch auf drum, frisch auf im hellen Sonnenstrahl
wohl über die Berge, wohl durch das tiefe Tal!
Die Quellen erklingen, die Bäume rauschen all;
mein Herz ist wie 'ne Lerche und stimmet ein mit Schall.

Und abends im Städtlein, da kehr ich durstig ein:
„Herr Wirt, Herr Wirt, eine Kanne blanken Wein!
Ergreife die Fiedel, du lust'ger Spielmann du,
von meinem Schatz das Liedel, das sing ich dazu!"

Und find ich keine Herberg, so lieg ich zur Nacht
wohl unter blauem Himmel, die Sterne halten Wacht;
im Winde die Linde, die rauscht mich ein gemach,
es küsset in der Frühe das Morgenrot mich wach.

O Wandern, o Wandern, du freie Burschenlust!
Da wehet Gottes Odem so frisch in die Brust;
da singet und jauchzet das Herz zum Himmelszelt:
Wie bist du doch so schön, o weite, weite Welt!

Emanuel Geibel

Der Dichter

Der Lyriker Franz **Emanuel** August **Geibel** wurde 1815 in Lübeck geboren. Dort starb er auch im Jahr 1884. Viele seiner Gedichte wurden von berühmten Komponisten vertont: Robert Schumann, Hugo Wolf, Felix Mendelssohn Bartholdy, Johannes Brahms.

Der Mai ist gekommen

Geibels Gedicht *Der Mai ist gekommen* wurde mehrmals vertont. Am populärsten wurde die Melodie von Justus Wilhelm Lyra (1822–1882) aus dem Jahr 1842. Das Lied wurde im 20. Jahrhundert oft als Frühlings- und Wanderlied gesungen. Auch in die Chorliteratur hielt es Einzug in einem Satz von Friedrich Silcher (1789–1860). Noch heute wird es von vielen Männerchören gesungen.

Ein bekanntes Mailied ist auch *Komm, lieber Mai, und mache die Bäume wieder grün ...* Kein Geringerer als Wolfgang Amadeus Mozart hat es vertont.

Ein alter Brauch: Das morgendliche Maiwecken

In manchen Gegenden, vor allem in den Dörfern, ist das Maiwecken am frühen Morgen des 1. Mai noch Brauch. Eine Musikkapelle marschiert mit flotten Weisen durch die Straßen und spielt dann an bestimmten Plätzen das Lied „Der Mai ist gekommen, die Bäume schlagen aus ..." In vielen Orten steht auch noch der mit bunten Bändern geschmückte Maibaum.

In den ländlichen Gegenden Bayerns, Baden-Württembergs und im Rheinland bringen heute noch junge Männer kleine Maibäume an den Häusern ihrer Liebsten an. Es sind meistens junge Birken. Dieser Brauch geht bis ins 13. Jahrhundert zurück. In einem Schaltjahr ist es nach der Überlieferung auch den jungen Frauen „erlaubt", ihrem Auserwählten einen „Maien" zu stecken.

Wenn es ...
... Frühling wird

... Frühling lässt sein
blaues Band

wieder flattern durch
die
Lüfte ...

... Veilchen
träumen schon,

wollen balde
kommen …

… horch, von
fern ein leiser
Harfenton …

Kennen Sie
dieses Gedicht?

Es heißt …

Er ist's

Frühling lässt sein blaues Band
wieder flattern durch die Lüfte;
süße, wohlbekannte Düfte
streifen ahnungsvoll das Land.
Veilchen träumen schon,
wollen balde kommen.
Horch, von fern ein leiser Harfenton!
Frühling, ja, du bist's!
Dich hab ich vernommen!

Eduard Mörike

Der Dichter

Der Lyriker, Erzähler und evangelische Pfarrer **Eduard** Friedrich **Mörike** wurde 1804 in Ludwigsburg als siebtes von dreizehn Kindern geboren. Bekannt sind von ihm heute zahlreiche Gedichte. Viele davon wurden von berühmten Musikern vertont, z. B. von Hugo Wolf (1860–1903). Berühmt wurde auch seine Novelle „Mozart auf der Reise nach Prag". Mörike starb 1875 in Stuttgart.

Weitere bekannte Gedichte

Einige Gedichte Mörikes sind uns noch aus der Schulzeit bekannt. Sie standen in jedem Lesebuch und mussten auswendig gelernt werden.
Wer kennt sie nicht?

Septembermorgen

Im Nebel ruhet noch die Welt,
noch träumen Wald und Wiesen.
Bald siehst du, wenn der Schleier fällt,
den blauen Himmel unverstellt,
herbstkräftig die gedämpfte Welt
in warmem Golde fließen.

Gebet

Herr! Schicke, was du willst,
ein Liebes oder Leides;
ich bin vergnügt, dass beides
aus deinen Händen quillt.

Wollest mit Freuden
und wollest mit Leiden
mich nicht überschütten!
Doch in der Mitten
liegt holdes Bescheiden.

Und der Schluss des Gedichts
Zum neuen Jahr wird auch oft zitiert:

Du, Vater, du rate!
Lenke du und wende!
Herr, dir in die Hände
sei Anfang und Ende,
sei alles gelegt!

Ruhig fließt …
… der Rhein

… ich weiß nicht, was
soll es bedeuten …

… ein Märchen
aus alten
Zeiten …

… die schönste
Jungfrau
sitzet …

… sie kämmt ihr
goldenes Haar …

… er schaut
nur hinauf in
die Höh …

Kennen Sie
dieses Gedicht?

Es heißt …

Die Lorelei

Ich weiß nicht, was soll es bedeuten,
dass ich so traurig bin;
ein Märchen aus alten Zeiten,
das kommt mir nicht aus dem Sinn.

Die Luft ist kühl und es dunkelt,
und ruhig fließt der Rhein;
der Gipfel des Berges funkelt
im Abendsonnenschein.

Die schönste Jungfrau sitzet
dort oben wunderbar;
ihr goldnes Geschmeide blitzet,
sie kämmt ihr goldenes Haar.

Sie kämmt es mit goldenem Kamme
und singt ein Lied dabei;
das hat eine wundersame,
gewaltige Melodei.

Den Schiffer im kleinen Schiffe
ergreift es mit wildem Weh;
er schaut nicht die Felsenriffe,
er schaut nur hinauf in die Höh.

Ich glaube, die Wellen verschlingen
am Ende Schiffer und Kahn;
und das hat mit ihrem Singen
die Lorelei getan.

Heinrich Heine

Der Dichter

Der Dichter, Schriftsteller und Journalist Christian Johann **Heinrich Heine** kam 1797 in Düsseldorf als Harry Heine auf die Welt. Nach der Promotion in Göttingen 1825 ließ er sich evangelisch taufen. Er legte sich die neuen Vornamen zu und nannte sich fortan Heinrich Heine. Von 1831 an lebte er in Paris. Dort starb er 1856.

Die Lorelei

Das Gedicht stammt aus dem Jahr 1824 und wird auch als Lied sehr gerne gesungen. „Lore-Ley" bedeutet so viel wie „rauschender Fels". Die Lorelei ist ein Schieferfelsen im Oberen Mittelrheintal bei Sankt Goarshausen in Rheinland-Pfalz. Der steile Felsen ist 132 m hoch und liegt am rechten Rhein-Ufer. Der Rhein ist dort 25 m tief und nur 113 m breit. Eine ganz gefährliche Stelle für die Rheinschiffer.

Die Lorelei als Jungfrau, die auf dem Felsen sitzt, tauchte zum ersten Mal in einer romantischen Ballade des Dichters Clemens von Brentano (1778–1842) auf. Heines Lorelei wurde durch Friedrich Silchers Vertonung von 1837 zum Volkslied.

Ein Frühlingsgruß von Heinrich Heine

Den schönen Frühlingsgruß des Dichters Heinrich Heine kennen viele noch aus ihrer Schulzeit:

Leise zieht durch mein Gemüt
liebliches Geläute.
Klinge, kleines Frühlingslied,
kling hinaus ins Weite.

Kling hinaus bis an das Haus,
wo die Blumen sprießen.
Wenn du eine Rose schaust,
sag, ich lass sie grüßen.

Ob in dem Haus, wo die Blumen sprießen, nicht vielleicht ein hübsches Mädchen wohnt? Vielleicht ist sie die Rose, für die der Gruß bestimmt ist.
Auch dieses Lied wurde vertont: 1834 durch den Komponisten Felix Mendelssohn Bartholdy.

In die ...
... weite Welt

... den schickt er in die
weite Welt ...

... die Bächlein von
den Bergen
springen ...

... die Lerchen
schwirren hoch
vor Lust ...

… den lieben Gott lass ich
nur walten …

… hat auch mein
Sach aufs best
bestellt!

Kennen Sie
dieses Gedicht, das
besonders als Wander-
lied bekannt geworden ist?

Es heißt …

Der frohe Wandersmann

Wem Gott will rechte Gunst erweisen

Wem Gott will rechte Gunst erweisen,
den schickt er in die weite Welt,
dem will er seine Wunder weisen
in Berg und Wald und Strom und Feld.

Die Trägen, die zu Hause liegen,
erquicket nicht das Morgenrot,
sie wissen nur von Kinderwiegen,
von Sorgen, Last und Not um Brot.

Die Bächlein von den Bergen springen,
die Lerchen schwirren hoch vor Lust,
was soll ich nicht mit ihnen singen,
aus voller Kehl und frischer Brust?

Den lieben Gott lass ich nur walten;
der Bächlein, Lerchen, Wald und Feld
und Erd und Himmel will erhalten,
hat auch mein Sach aufs best bestellt!

Joseph von Eichendorff

Der Dichter

Der Dichter heißt mit vollem Namen **Joseph** Karl Benedikt Freiherr **von Eichendorff**. Er wurde im Jahr 1788 auf Schloss Lubowitz bei Ratibor in Oberschlesien geboren. Joseph von Eichendorff war ein bedeutender Lyriker und Schriftsteller der deutschen Romantik. Von seinen Gedichten gibt es ca. 5 000 Vertonungen. Aus der Reihe seiner Prosawerke ist die Novelle *Aus dem Leben eines Taugenichts* (1826) besonders bekannt.

Der frohe Wandersmann

Das Gedicht *Der frohe Wandersmann* schuf er 1822. Als Volkslied bekannt wurde es durch die Vertonung von Friedrich Theodor Fröhlich (1803–1836). Der Anfangsvers *Wem Gott will rechte Gunst erweisen* wurde zum Namen des Liedes.

Schloss Lubowitz

Das Schloss kam 1784 durch Erbe in Besitz derer von Eichendorff. 1822 musste es aus Geldmangel verkauft werden. Von 1852 bis 1945 gehörte es den Herzögen von Ratibor. 1945 wurde es durch Bomben und Artillerie zerstört. Heute ist nur noch die Ruine zu sehen.

Ein tröstlicher Text

Wer hat nicht schon einmal diesen Text in einer Todesanzeige gelesen?

Und meine Seele spannte
weit ihre Flügel aus,
flog durch die stillen Lande,
als flöge sie nach Haus.

Es ist die letzte Strophe des Gedichts *Mondnacht* von Joseph von Eichendorff.

Die ersten beiden Strophen sind diese:

Es war, als hätt' der Himmel
die Erde still geküsst,
dass sie im Blütenschimmer
von ihm nur träumen müsst.

Die Luft ging durch die Felder,
die Ähren wogten sacht,
es rauschten leis die Wälder,
so sternklar war die Nacht.

Auch dieses Gedicht wurde vertont, und zwar 1840 von Robert Schumann. Der Komponist vertonte noch weitere zwanzig Gedichte von Joseph von Eichendorff.

Weite Täler, ...
... grüne Wälder

... o Täler weit,
o Höhen ...

... o schöner,
grüner
Wald ...

... andächt'ger
Aufenthalt ...

… fremd in der
Fremde gehen …

… so wird mein
Herz nicht alt …

Kennen Sie
dieses Gedicht?

Es heißt …

Abschied

O Täler weit, o Höhen

Abschied
im Walde bei Lubowitz

O Täler weit, o Höhen,
o schöner, grüner Wald,
du meiner Lust und Wehen
andächt'ger Aufenthalt!
Da draußen, stets betrogen,
saust die geschäft'ge Welt,
schlag noch einmal die Bogen
um mich, du grünes Zelt!

Wenn es beginnt zu tagen,
die Erde dampft und blinkt,
die Vögel lustig schlagen,
dass dir dein Herz erklingt:
Da mag vergehn, verwehen
das trübe Erdenleid,
da sollst du auferstehen
in junger Herrlichkeit!

Da steht im Wald geschrieben
ein stilles, ernstes Wort
von rechtem Tun und Lieben,
und was des Menschen Hort.
Ich habe treu gelesen
die Worte, schlicht und wahr,
und durch mein ganzes Wesen
ward's unaussprechlich klar.

Bald werd ich dich verlassen,
fremd in der Fremde gehn,
auf buntbewegten Gassen
des Lebens Schauspiel sehn;
und mitten in dem Leben
wird deines Ernsts Gewalt
mich Einsamen erheben,
so wird mein Herz nicht alt.

Joseph von Eichendorff

Der Dichter

Dieses Gedicht stammt ebenfalls aus der Feder von Joseph von Eichendorff. Er schrieb es im Oktober 1810, als er von Lubowitz nach Wien zog. Vertont wurde es 1843 von dem Komponisten Felix Mendelssohn Bartholdy.

Morgengebet

O wunderbares, tiefes Schweigen,
wie einsam ist's noch auf der Welt!
Die Wälder nur sich leise neigen,
als ging der Herr durchs stille Feld.

Ich fühl mich recht wie neu geschaffen,
wo ist die Sorge nun und Not?
Was mich noch gestern wollt erschlaffen,
ich schäm mich des im Morgenrot.

Die Welt mit ihrem Gram und Glücke
will ich, ein Pilger, frohbereit
betreten nur wie eine Brücke
zu dir, Herr, übern Strom der Zeit.

Und buhlt mein Lied, auf Weltgunst lauernd,
um schnöden Sold der Eitelkeit:
Zerschlag mein Saitenspiel, und schauernd
schweig ich vor dir in Ewigkeit.

Dieses Gedicht von Joseph von Eichendorff stammt aus dem Jahr 1833.

Die ersten drei Strophen sind auch in vielen Schulbüchern zu finden.

Wenn das tiefste ...
... Tal erblüht

... sie säuseln und weben
Tag und Nacht ...

... die Welt wird
schöner mit
jedem Tag ...

... das Blühen
will nicht
enden ...

… nun, armes Herz,
vergiss der Qual …

… nun muss
sich alles, alles
wenden!

Kennen Sie
dieses Gedicht?

Es heißt …

Frühlings-glaube

Die linden Lüfte sind erwacht

Die linden Lüfte sind erwacht,
sie säuseln und weben Tag und Nacht,
sie schaffen an allen Enden.
O frischer Duft, o neuer Klang!
Nun, armes Herze, sei nicht bang!
Nun muss sich alles, alles wenden.

Die Welt wird schöner mit jedem Tag,
man weiß nicht, was noch werden mag,
das Blühen will nicht enden.
Es blüht das fernste, tiefste Tal:
Nun, armes Herz, vergiss der Qual!
Nun muss sich alles, alles wenden!

Ludwig Uhland

Der Dichter

Der Dichter, Germanist, Jurist und Politiker Johann **Ludwig Uhland** wurde 1787 in Tübingen geboren, wo er auch aufwuchs und studierte. Nach einem weiteren Studienaufenthalt in Paris und einigen Jahren in Stuttgart kehrte er nach Tübingen zurück. Dort starb er 1862.

Frühlingsglaube

Zum Frühlingsanfang am 21. März 1812 schrieb Uhland außer *Frühlingsglaube* noch drei weitere Gedichte: *Frühlingsahnung, Frühlingsruhe* und *Jägerlied*. Wie viele seiner Gedichte wurde auch *Frühlingsglaube* vertont: 1820 von Franz Schubert für Singstimme und Klavier.

Volkstümliche Uhland-Lieder

Manche Uhland-Gedichte kennen wir als Volkslieder. So wird das Gedicht *Der Wirtin Töchterlein* auf eine Volksweise aus dem 18. Jahrhundert gesungen:

Es zogen drei Burschen wohl über den Rhein,
bei einer Frau Wirtin, da kehrten sie ein.

Das Lied ist aber alles andere als lustig. Das Töchterlein der Wirtin liegt nämlich auf der Totenbahre. Es muss ein schönes Kind gewesen sein. Das Lied endet so:

„Dich liebt' ich immer, dich lieb ich noch heut
und werde dich lieben in Ewigkeit."

Ein anderes Gedicht Uhlands wurde ebenfalls weithin bekannt: *Der gute Kamerad*.
Uhland schrieb es im Alter von 22 Jahren. Er hatte damals einen Freund verloren, der auf Tiroler Seite gegen badische Truppen kämpfte. Friedrich Silcher hat das Gedicht 1825 in Anlehnung an ein Schweizer Lied vertont. Bekannt ist es unter dem Titel *Ich hatt' einen Kameraden*. Diese Melodie wird heute noch bei den Feiern zum Volkstrauertag gespielt.

Dass du ewig …
… denkst an mich

… lief er schnell, es nah
zu sehn …

… Knabe sprach:
„Ich breche
dich."

… Röslein
sprach: „Ich
steche dich."

… Röslein wehrte
sich und stach …

… musst es eben
leiden …

Kennen Sie
dieses Gedicht?

Es heißt …

Heidenröslein

Sah ein Knab ein Röslein stehn

Sah ein Knab ein Röslein stehn,
Röslein auf der Heiden,
war so jung und morgenschön,
lief er schnell, es nah zu sehn,
sah's mit vielen Freuden.
Röslein, Röslein, Röslein rot,
Röslein auf der Heiden.

Knabe sprach: „Ich breche dich,
Röslein auf der Heiden."
Röslein sprach: „Ich steche dich,
dass du ewig denkst an mich,
und ich will's nicht leiden."
Röslein, Röslein, Röslein rot,
Röslein auf der Heiden.

Und der wilde Knabe brach
's Röslein auf der Heiden.
Röslein wehrte sich und stach,
half ihm doch kein Weh und Ach,
musst es eben leiden.
Röslein, Röslein, Röslein rot,
Röslein auf der Heiden!

Johann Wolfgang von Goethe

Der Dichter

Der Verfasser dieses Gedichts ist der Dichter und Naturforscher **Johann Wolfgang Goethe**. Geboren wurde er 1749 in Frankfurt am Main. Bis heute zählen seine Gedichte, Dramen und Romane zu den Meisterwerken der Weltliteratur. 1782 wurde er geadelt und hieß seither Johann Wolfgang von Goethe. Er starb 1832 in Weimar.

Das Heidenröslein

Das Gedicht ist ein Bestandteil der *Sesenheimer Lieder*, zu denen Goethe mit den Gedichten *Willkommen und Abschied*, *Mailied* und *Heidenröslein* beitrug. 1770 hatte der 21-jährige Goethe eine Liebschaft mit der 18-jährigen Pfarrerstochter Friederike Brion im elsässischen Sessenheim.

Als Goethe 1771 nach Frankfurt zurückkehrte, endete das Verhältnis abrupt. Das Gedicht passt dazu haargenau.

Vertont wurde es über 150-mal, darunter als Kunstlied 1815 von Franz Schubert und 1848 von Robert Schumann. Als Volkslied wurde es bekannt durch die Vertonung aus dem Jahr 1829 von Heinrich Werner.

Weitere Gedichte

Viele bekannte Gedichte erinnern uns heute noch an Johann Wolfgang von Goethe. Dazu gehören auch die beiden Versionen von *Wandrers Nachtlied*. Beide wurden von Franz Schubert vertont.

Der du von dem Himmel bist,
alles Leid und Schmerzen stillest,
den, der doppelt elend ist,
doppelt mit Erquickung füllest,
ach, ich bin des Treibens müde!
Was soll all der Schmerz und Lust?
Süßer Friede,
komm, ach komm in meine Brust!

Ein Gleiches

Über allen Gipfeln
ist Ruh,
in allen Wipfeln
spürest du
kaum einen Hauch;
die Vögelein schweigen im Walde.
Warte nur, balde
ruhest du auch.

… und Schlüsselblumen drunter

… die Luft ist blau,
das Tal ist grün,

die kleinen
Maienglocken
blühn …

… und malt
sich täglich
bunter …

… der diese Pracht
hervorgebracht,

den Baum und
seine Blüte …

Kennen Sie
dieses Gedicht?

Es heißt …

Frühlingslied

Die Luft ist blau, das Tal ist grün

Die Luft ist blau, das Tal ist grün,
die kleinen Maienglocken blühn
und Schlüsselblumen drunter;
der Wiesengrund
ist schon so bunt
und malt sich täglich bunter.

Drum komme, wem der Mai gefällt,
und freue sich der schönen Welt
und Gottes Vatergüte,
die diese Pracht
hervorgebracht,
den Baum und seine Blüte.

Ludwig Hölty

Der Dichter

Ludwig Christoph Heinrich **Hölty** wurde 1748 in Mariensee (im Neustädter Land) in Niedersachsen geboren. Der volkstümliche Dichter starb 1776 in Hannover. Sein Gedicht *Frühlingslied* wurde 1816 von Franz Schubert vertont. Auch viele weitere Gedichte Höltys wurden von namhaften Komponisten musikalisch umgesetzt. Unter ihnen war auch eine Frau: Fanny Hensel (1805–1847). Sie war die ältere Schwester von Felix Mendelssohn Bartholdy.

Wolfgang Amadeus Mozart schrieb die Melodie zu Höltys Versen:

Üb immer Treu und Redlichkeit
bis an dein kühles Grab.
Und weiche keinen Fingerbreit
von Gottes Wegen ab.

Auch dieser lustige Vers stammt aus der Feder des Dichters Hölty:

Ein Leben wie im Paradies
gewährt der Vater Rhein.
Ich geb es zu, ein Kuss ist süß,
doch süßer ist der Wein.

Frühlingslieder

Nach einem langen Winter begrüßen die Frühlingslieder den beginnenden Lenz. Seit dem 13. Jahrhundert werden Frühlingslieder gesungen. Wir kennen heute noch viele der alten Lieder. *Der Winter ist vergangen* stammt aus dem 16. Jahrhundert aus den Niederlanden. *Komm, lieber Mai, und mache* entstand im 18. Jahrhundert: Text von Christian Adolph Overbeck (1755–1821), Melodie von Wolfgang Amadeus Mozart. Die Mehrzahl der bekannten Frühlingslieder stammt aus dem 19. Jahrhundert. Wer kennt sie nicht: *Alle Vögel sind schon da* und *Winter ade, scheiden tut weh* oder *Kuckuck, Kuckuck, ruft's aus dem Wald* – alles Gedichte von Hoffmann von Fallersleben (1798–1874).

Schauet still ...
... ins Tal hinab

... drunten singt bei
Wies und Quelle

froh und hell der
Hirtenknab ...

... droben
bringt man sie
zu Grabe,

die sich freuten
in dem Tal …

… dir auch
singt man dort
einmal …

Kennen Sie
dieses Gedicht?

Es heißt …

Die Kapelle

Droben stehet die Kapelle

Droben stehet die Kapelle,
schauet still ins Tal hinab,
drunten singt bei Wies und Quelle
froh und hell der Hirtenknab.

Traurig tönt das Glöcklein nieder,
schauerlich der Leichenchor;
stille sind die frohen Lieder
und der Knabe lauscht empor.

Droben bringt man sie zu Grabe,
die sich freuten in dem Tal;
Hirtenknabe, Hirtenknabe!
Dir auch singt man dort einmal.

Ludwig Uhland

Der Dichter

Auch dieses Gedicht stammt aus der Feder des schwäbischen Dichters Ludwig Uhland. Er schrieb es 1805, als er mit einem Freund von Tübingen aus zur Wurmlinger Kapelle wanderte.

Die Wurmlinger Kapelle

Auf dem Kapellenberg bei Wurmlingen in der Nähe der Stadt Tübingen steht, weithin sichtbar, eine barocke Kapelle. Sie wurde 1685 geweiht. Die Krypta unter der Kirche stammt noch aus der alten romanischen Kapelle (um 1150), die zuvor dort stand.

Schäfers Sonntagslied

Ebenfalls 1805 schrieb Uhland das Gedicht *Schäfers Sonntagslied*. Bekannt wurde es vor allem durch die Vertonung des Komponisten Conradin Kreutzer (1780–1849) für vierstimmigen Männerchor: *Das ist der Tag des Herrn*.

Das ist der Tag des Herrn!
Ich bin allein auf weiter Flur;
noch eine Morgenglocke nur,
nun Stille nah und fern.

Anbetend knie ich hier.
O süßes Graun, geheimes Wehn,
als knieten viele ungesehn
und beteten mit mir.

Der Himmel nah und fern,
er ist so klar und feierlich,
so ganz, als wollt er öffnen sich.
Das ist der Tag des Herrn!

Ich bin allein auf weiter Flur

In dem weltberühmten Roman *Buddenbrooks* von Thomas Mann (1875–1955) soll der Knabe Hanno seinem Vater *Schäfers Sonntagslied* auswendig vortragen. Der schüchterne Bub kommt gerade bis zur zweiten Zeile. Dann heißt es im Roman: „*Ich bin allein auf weiter Flur,* sagte er noch, und dann war es endgültig aus."

Berühmte Ballade

Übrigens, der Spruch: *Viel Steine gab's und wenig Brot* stammt aus Uhlands Heldenballade *Schwäbische Kunde* von 1814, bekannt auch als *Der wackere Schwabe*.

Mit behaglichem ...
... Gekicher

... ach, was muss man
oft von bösen

Kindern hören
oder lesen ...

... und sich
heimlich lustig
machten ...

… aber wehe,
wehe, wehe!

wenn ich auf das
Ende sehe …

Kennen Sie
dieses Gedicht?

Es heißt …

Max und Moritz

Ach, was muss man oft von bösen
Kindern hören oder lesen!
Wie zum Beispiel hier von diesen,
welche Max und Moritz hießen;
die anstatt durch weise Lehren
sich zum Guten zu bekehren,
oftmals noch darüber lachten
und sich heimlich lustig machten.
Ja, zur Übeltätigkeit,
ja, dazu ist man bereit!

Menschen necken, Tiere quälen,
Äpfel, Birnen, Zwetschgen stehlen,
das ist freilich angenehmer
und dazu auch viel bequemer
als in Kirche oder Schule
festzusitzen auf dem Stuhle.

Aber wehe, wehe, wehe!
wenn ich auf das Ende sehe!
Ach, das war ein schlimmes Ding,
wie es Max und Moritz ging!
Drum ist hier, was sie getrieben,
abgemalt und aufgeschrieben.

Wilhelm Busch

Der Dichter

Der vollständige Name des humoristischen Dichters und Zeichners **Wilhelm Busch** war Heinrich Christian Wilhelm Busch. Er wurde 1832 in Wiedensahl im Schaumburger Land als erstes von sieben Kindern geboren. Vor allem mit seinen volkstümlichen Bildergeschichten, war er seit den 1870er-Jahren in ganz Deutschland berühmt. Der Dichter starb 1908 in Mechtshausen.

Max und Moritz

Die Bildergeschichte „Max und Moritz“ gehört zu den bekanntesten Werken des Dichters. Was diese beiden Knaben „getrieben“ haben, wurde von Wilhelm Busch in sieben Streichen „abgemalt und aufgeschrieben“.

Wer kennt sie nicht, die Streiche mit der Witwe Bolte und ihrem Federvieh, mit dem Schneider Böck und der angesägten Brücke, mit dem Lehrer Lämpel und der Pulverladung in der Pfeife, mit dem Onkel Fritz und den Maikäfern, die Streiche in der Bäckerei und schließlich das unrühmliche Ende in der Mühle!

Von Busch stammen viele Bildergeschichten. Bekannt sind z. B. „Die fromme Helene“, „Plisch und Plum“, „Hans Huckebein, der Unglücksrabe“ und die „Knopp-Trilogie“.

Fink und Frosch

Im Apfelbaume pfeift der Fink
sein Pinkepink!
Ein Laubfrosch klettert mühsam nach
bis auf des Baumes Blätterdach
und bläht sich auf und quakt: „Jaja!
Herr Nachbar, ick bin och noch da!“

Und wie der Vogel frisch und süß
sein Frühlingslied erklingen ließ,
gleich muss der Frosch in rauen Tönen
den Schusterbass dazwischen dröhnen.
„Juchheija heija!“, spricht der Fink.
„Fort flieg ich flink!“

Und schwingt sich in die Lüfte hoch.
„Wat!“, ruft der Frosch. „Dat kann ick och!“
Macht einen ungeschickten Satz,
fällt auf den harten Gartenplatz,
ist platt, wie man die Kuchen backt,
und hat für ewig ausgequackt.

Wenn einer, der mit Mühe kaum
geklettert ist auf einen Baum,
schon meint, dass er ein Vogel wär,
so irrt sich der.
(Aus der Sammlung „Gelegenheitsdichtungen“.)

Ach, dass es noch …
… wie damals wär!

… wie war zu Köln es
doch vordem …

… da kamen bei
Nacht, ehe man's
gedacht,

die Männlein
und schwärmten

und klappten
und lärmten …

… o weh!
Nun sind sie
alle fort …

Kennen Sie
dieses Gedicht?

Es heißt …

Die Heinzel-
männchen

Wie war zu Köln es doch vordem
mit Heinzelmännchen so bequem!
Denn, war man faul, man legte sich
hin auf die Bank und pflegte sich.
Da kamen bei der Nacht,
ehe man's gedacht,
die Männlein und schwärmten
und klappten und lärmten
und rupften
und zupften
und hüpften und trabten
und putzten und schabten.
Und eh ein Faulpelz noch erwacht,
war all sein Tagewerk bereits gemacht.

Die Zimmerleute streckten sich
hin auf die Spän und reckten sich.
Indessen kam die Geisterschar
und sah, was da zu zimmern war.
Nahm Meißel und Beil
und die Säg in Eil;
sie sägten und stachen
und hieben und brachen,
berappten
und kappten,
visierten wie Falken
und setzten die Balken.
Eh sich's der Zimmermann versah …
klapp, stand das ganze Haus schon fertig da.

Beim Bäckermeister war nicht Not,
die Heinzelmännchen backten Brot.
Die faulen Burschen legten sich,
die Heinzelmännchen regten sich –
und ächzten daher
mit den Säcken schwer!
Und kneteten tüchtig
und wogen es richtig
und hoben
und schoben
und fegten und backten
und klopften und hackten.
Die Burschen schnarchten noch im Chor:
Da rückte schon das Brot, das neue, vor.

Beim Fleischer ging es just so zu:
Gesell und Bursche lag in Ruh.
Indessen kamen die Männlein her
und hackten das Schwein die kreuz und quer.
Das ging so geschwind
wie die Mühl im Wind!
Die klappten mit Beilen,
die schnitzten an Speilen,
die spülten,
die wühlten
und mengten und mischten
und stopften und wischten.
Tat der Gesell die Augen auf –
wapp! – hing die Wurst da schon im Ausverkauf!

Beim Schenken war es so: Es trank
der Küfer, bis er niedersank.
Am hohlen Fasse schlief er ein,
die Männlein sorgten um den Wein.
Und schwefelten fein
alle Fässer ein
und rollten und hoben
mit Winden und Kloben
und schwenkten
und senkten
und gossen und panschten
und mengten und manschten.
Und eh der Küfer noch erwacht,
war schon der Wein geschönt und fein gemacht.

Einst hatt' ein Schneider große Pein:
Der Staatsrock sollte fertig sein;
warf hin das Zeug und legte sich
hin auf das Ohr und pflegte sich.
Da schlüpften sie frisch
in den Schneidertisch;
und schnitten und rückten
und nähten und stickten
und fassten
und passten
und strichen und guckten
und zupften und ruckten,
und eh mein Schneiderlein erwacht,
war Bürgermeisters Rock bereits gemacht.

Neugierig war des Schneiders Weib
und macht sich diesen Zeitvertreib:
Streut Erbsen hin die andre Nacht.
Die Heinzelmännchen kommen sacht;
eins fährt nun aus,
schlägt hin im Haus,
die gleiten von Stufen
und plumpen in Kufen,
die fallen
mit Schallen,
die lärmen und schreien
und vermaledeien!
Sie springt hinunter auf den Schall
mit Licht: Husch husch husch husch! – verschwinden all!

O weh! Nun sind sie alle fort
und keines ist mehr hier am Ort!
Man kann nicht mehr wie sonsten ruhn,
man muss nun alles selber tun!
Ein jeder muss fein
selbst fleißig sein
und kratzen und schaben
und rennen und traben
und schniegeln
und bügeln
und klopfen und hacken
und kochen und backen.
Ach, dass es noch wie damals wär!
Doch kommt die schöne Zeit nicht wieder her!

August Kopisch

Der Dichter

August Kopisch erblickte 1799 in Breslau das Licht der Welt. Er war nicht nur Dichter, sondern betätigte sich auch als Erfinder, Landschafts- und Historienmaler, Schriftsteller und Übersetzer. Auch spielte er Gitarre und Klavier. Das Gedicht über die Kölner Heinzelmännchen schrieb er 1836.

Von 1824 bis 1829 lebte Kopisch in Italien. Dann kehrte er nach Breslau zurück. 1833 siedelte er nach Berlin über, erhielt von Friedrich Wilhelm IV. eine Jahrespension und war als Kunstexperte im Hofmarschallamt tätig. 1853 erlitt er auf einer Reise einen Schlaganfall und starb. Begraben ist er auf dem Dreifaltigkeitskirchhof II in Berlin-Kreuzberg.

Die Heinzelmännchen von Köln

Die Kölner Heinzelmännchen wurden im 18. Jahrhundert erstmals erwähnt. Ähnliche hilfreiche Wesen kommen in den Sagen und Märchen vieler Länder vor: als Wichtel, als Zwerge, als Trolle, als Kobolde oder in Skandinavien als fleißige Helfer des Weihnachtsmannes.

Goldene Birnen ...
... im goldenen Herbst

... ein Birnbaum in
seinem Garten stand ...

... und die Birnen
leuchteten weit
und breit ...

... so rief er:
„Junge, wiste
'ne Beer?“

… er fühlte
sein Ende, 's war
Herbsteszeit …

… ein Birnbaum-
sprössling sprosst
heraus …

Kennen Sie
dieses Gedicht?

Es heißt …

Herr von Ribbeck

auf Ribbeck im Havelland

Herr von Ribbeck auf Ribbeck im Havelland,
ein Birnbaum in seinem Garten stand,
und kam die goldene Herbsteszeit
und die Birnen leuchteten weit und breit,
da stopfte, wenn's Mittag vom Turme scholl,
der von Ribbeck sich beide Taschen voll,
und kam in Pantinen ein Junge daher,
so rief er: „Junge, wiste 'ne Beer?"
Und kam ein Mädel, so rief er: „Lütt Dirn,
kumm man röwer, ick hebb 'ne Birn'."

So ging es viel Jahre, bis lobesam
der von Ribbeck auf Ribbeck zu sterben kam.
Er fühlte sein Ende, 's war Herbsteszeit,
wieder lachten die Birnen weit und breit;
da sagte von Ribbeck: „Ich scheide nun ab.
Legt mir eine Birne mit ins Grab!"
Und drei Tage drauf, aus dem Doppeldachhaus,
trugen von Ribbeck sie hinaus.
Alle Bauern und Büdner mit Feiergesicht
sangen „Jesus meine Zuversicht!"
Und die Kinder klagten, das Herze schwer:
„He is dod nu. Wer giwt uns nu 'ne Beer?"

So klagten die Kinder. Das war nicht recht.
Ach, sie kannten den alten Ribbeck schlecht!
Der neue freilich, der knausert und spart,
hält Park und Birnbaum strenge verwahrt.

Aber der alte, vorahnend schon
und voll Misstrauen gegen den eigenen Sohn,
der wusste genau, was damals er tat,
als um eine Birn' ins Grab er bat;
und im dritten Jahr aus dem stillen Haus
ein Birnbaumsprössling sprosst heraus.

Und die Jahre gehen wohl auf und ab,
längst wölbt sich ein Birnbaum über dem Grab,
und in der goldenen Herbsteszeit
leuchtet's wieder weit und breit,
und kommt ein Jung' übern Kirchhof her,
so flüstert's im Baume: „Wiste 'ne Beer?"
Und kommt ein Mädel, so flüstert's: „Lütt Dirn,
kumm man röwer, ick gew di 'ne Birn'!"

So spendet Segen noch immer die Hand
des von Ribbeck auf Ribbeck im Havelland.

Theodor Fontane

Pantinen sind Holzschuhe.
Büdner sind Kleinbauern mit eigenem Haus und wenig Land.

Der Dichter

Der Dichter, Schriftsteller und Apotheker Heinrich **Theodor Fontane** wurde 1819 in Neuruppin geboren. Der Ort liegt im Norden von Brandenburg, 60 km nordwestlich von Berlin. Sein berühmtes Gedicht *Herr von Ribbeck auf Ribbeck im Havelland* schrieb Fontane 1889. Bekannt ist auch sein Roman *Effi Briest*. Das Buch erschien im Jahr 1896. Fontane starb 1898 in Berlin.

Der Ort Ribbeck

Ribbeck ist heute ein Ortsteil der Stadt Nauen im Landkreis Havelland (Brandenburg).

Herr von Ribbeck

Herr von Ribbeck in Fontanes Gedicht ist Hans Georg von Ribbeck: Er lebte von 1689 bis 1759 auf Schloss Ribbeck.

Der Birnbaum

Auf dem Grab Ribbecks wuchs tatsächlich ein Birnbaum. Er wurde 1911 durch einen Sturm umgeworfen. Der Stumpf des Baumes steht heute in der Dorfkirche.

Rote Blätter ...
... fallen

... gelb die
Stoppelfelder

und der Herbst
beginnt ...

... graue Nebel
wallen ...

… Geige tönt
und Flöte

bei der
Abendröte …

Kennen Sie dieses
Gedicht, das auch gerne
gesungen wird?

Es heißt …

Herbstlied

Bunt sind schon die Wälder

Bunt sind schon die Wälder,
gelb die Stoppelfelder,
und der Herbst beginnt.
Rote Blätter fallen,
graue Nebel wallen,
kühler weht der Wind.

Wie die volle Traube
aus dem Rebenlaube
purpurfarbig strahlt!
Am Geländer reifen
Pfirsiche, mit Streifen
rot und weiß bemalt.

Flinke Träger springen,
und die Mädchen singen,
alles jubelt froh!
Bunte Bänder schweben
zwischen hohen Reben
auf dem Hut von Stroh!

Geige tönt und Flöte
bei der Abendröte
und im Mondenglanz;
junge Winzerinnen
winken und beginnen
frohen Erntetanz.

Johann Gaudenz von Salis-Seewis

Der Dichter

Johann Gaudenz Freiherr **von Salis-Seewis** wurde 1762 auf Schloss Bothmar bei Malans im Kanton Graubünden in der Schweiz geboren. Dort starb er auch im Jahr 1834. Auf einem Gedenkstein in Seewis aus dem Jahr 1962 ist zu lesen: *„Sänger der Heimat, Diener des Volkes"*.

Das Gedicht

In der Vertonung von 1799 des Komponisten Johann Friedrich Reichardt (1752–1814) gehört das Lied *Bunt sind schon die Wälder* noch heute zu den deutschen Volksliedern. Ursprünglich hatte das 1782 verfasste Gedicht sieben Strophen. In einer späteren Fassung waren es noch fünf Strophen. Gesungen wird heute eine Version mit vier Strophen.

Ursprünglich schloss das Gedicht so:

Junge Winzerinnen
winken und beginnen
deutschen Ringeltanz.

Heute ist die oben zitierte Version gebräuchlicher.

Die vier Jahreszeiten

Die vier Jahreszeiten haben immer wieder zahlreiche Dichter und Musiker zu ihren Werken angeregt. Bereits im Kindergarten lernen die Buben und Mädchen erste Verse wie:

Es war eine Mutter,
die hatte vier Kinder:
den Frühling, den Sommer,
den Herbst und den Winter.

Der Frühling bringt Blumen,
der Sommer den Klee,
der Herbst bringt die Trauben,
der Winter den Schnee.

In der Musik wurden *Die vier Jahreszeiten* des italienischen Musikers Antonio Vivaldi (1678–1741) berühmt. Unter dem italienischen Titel *Le quattro stagioni* schrieb er 1725 vier Violinkonzerte, eines für jede Jahreszeit:

- *Der Frühling (La Primavera)*
- *Der Sommer (L'Estate)*
- *Der Herbst (L'Autunno)*
- *Der Winter (L'Inverno)*

Am Himmel ...
... hell und klar

... die goldnen Sternlein
prangen ...

... der Wald steht
schwarz und
schweiget ...

... seht ihr
den Mond dort
stehen?

… so legt euch denn,
ihr Brüder …

… und lass
uns ruhig
schlafen …

Auch dieses Gedicht ist fast allen von uns als Lied bekannt. Kennen Sie es?

Es heißt …

Abendlied

Der Mond ist aufgegangen

Der Mond ist aufgegangen,
die goldnen Sternlein prangen
am Himmel hell und klar;
der Wald steht schwarz und schweiget,
und aus den Wiesen steiget
der weiße Nebel wunderbar.

Wie ist die Welt so stille
und in der Dämmrung Hülle
so traulich und so hold
als eine stille Kammer,
wo ihr des Tages Jammer
verschlafen und vergessen sollt.

Seht ihr den Mond dort stehen?
Er ist nur halb zu sehen
und ist doch rund und schön!
So sind wohl manche Sachen,
die wir getrost belachen,
weil unsre Augen sie nicht sehn.

Wir stolzen Menschenkinder
sind eitel arme Sünder
und wissen gar nicht viel;
wir spinnen Luftgespinste
und suchen viele Künste
und kommen weiter von dem Ziel.

Gott, lass uns *dein* Heil schauen,
auf nichts Vergänglich's bauen,
nicht Eitelkeit uns freun,
lass uns einfältig werden
und vor dir hier auf Erden
wie Kinder fromm und fröhlich sein.

Wollst endlich sonder Grämen
aus dieser Welt uns nehmen
durch einen sanften Tod,
und wenn du uns genommen,
lass uns in Himmel kommen,
du, unser Herr und unser Gott!

So legt euch denn, ihr Brüder,
in Gottes Namen nieder!
Kalt ist der Abendhauch.
Verschon uns, Gott! mit Strafen
und lass uns ruhig schlafen
und unsern kranken Nachbarn auch!

Matthias Claudius

Der Dichter

Der Dichter und Journalist **Matthias Claudius** erblickte 1740 in Reinfeld (Holstein) das Licht der Welt. Er starb 1815 in Hamburg. Im evangelischen Namenskalender steht sein Name am 21. Januar (Todestag).

Das Gedicht

Das Gedicht *Abendlied* gehört zu den bekanntesten Werken deutschsprachiger Literatur. Es wurde mehrfach vertont. In die Gesangbücher der Kirchen kam die einfache Melodie, die der Musiker Johann Abraham Peter Schulz schuf. Von ihm stammt auch die Melodie zum Weihnachtslied *Ihr Kinderlein kommet*.

Der Mond

Der Mond, der einzige natürliche Erdtrabant, hat die Menschen schon immer fasziniert. Unzählige Gedichte, Lieder und Geschichten beschäftigen sich mit ihm. Mondphasen, Mondlicht, Mondkalender, Mann im Mond, Mondscheinsonate, Mondsichel, Mondfinsternis, Mondaufgang usw. – darüber gibt es viel zu erzählen.

Am blauen ...
... Himmelszelt

... weißt du, wie viel
Wolken gehen

weithin über
alle Welt?

... Gott, der
Herr, hat sie
gezählet,

dass ihm auch nicht
eines fehlet …

… kennt auch
dich und hat
dich lieb.

Kennen Sie dieses
Gedicht, das eines
der schönsten Abend-
lieder geworden ist?

Es heißt …

Weißt du, wie viel Sterne stehen

Weißt du, wie viel Sterne stehen
an dem blauen Himmelszelt?
Weißt du, wie viel Wolken gehen
weithin über alle Welt?
Gott der Herr hat sie gezählet,
dass ihm auch nicht eines fehlet
an der ganzen großen Zahl.

Weißt du, wie viel Mücklein spielen
in der hellen Sonnenglut?
Wie viel Fischlein auch sich kühlen
in der hellen Wasserflut?
Gott der Herr rief sie mit Namen,
dass sie all ins Leben kamen,
dass sie nun so fröhlich sind.

Weißt du, wie viel Kinder frühe
stehn aus ihren Bettlein auf,
dass sie ohne Sorg und Mühe
fröhlich sind im Tageslauf?
Gott im Himmel hat an allen
seine Lust, sein Wohlgefallen,
kennt auch dich und hat dich lieb.

Wilhelm Hey

Der Dichter

Johann **Wilhelm Hey**, Pfarrer, Lied- und Fabeldichter, wurde 1789 in Leina, einem Ortsteil der heutigen Gemeinde Leinatal im Landkreis Gotha (Thüringen) geboren. 1827 wurde er Hofprediger in Gotha, 1847 Ehrendoktor der Universität Heidelberg. Er starb 1854 in Ichtershausen im Ilm-Kreis in Thüringen.

Der Lied- und Fabeldichter

Weißt du, wie viel Sterne stehen ist bis heute eines der beliebtesten Kinder- und Gutenachtlieder. Den Text schrieb der Dichter zu einer alten Volksweise. Neben zahlreichen Liedtexten schuf er auch Fabeln für Kinder.

Ein bekanntes Weihnachtslied entstammt ebenfalls seiner Feder: *Alle Jahre wieder.* Es wurde mehrfach vertont. Die bekannteste Melodie dazu ist die Version von Friedrich Silcher aus dem Jahr 1842. Sie wird heute noch gesungen.

Alle Jahre wieder

Alle Jahre wieder
kommt das Christuskind
auf die Erde nieder,
wo wir Menschen sind.

Kehrt mit seinem Segen
ein in jedes Haus,
geht auf allen Wegen
mit uns ein und aus.

Ist auch mir zur Seite,
still und unerkannt,
dass es treu mich leite
an der lieben Hand.

Weitere Weihnachtslieder

Kling, Glöckchen, klingelingeling
Leise rieselt der Schnee, still und starr liegt der See
O Tannenbaum, o Tannenbaum, wie treu sind deine Blätter
Ihr Kinderlein kommet, o kommet doch all

Wenn es ...
... Winter wird

... ich muss euch sagen,
es weihnachtet sehr!

... sah mit
großen Augen
das Christkind
hervor ...

... die Kerzen
fangen zu
brennen an ...

… ich soll nur noch
in diese Stadt …

… ich sprach:
„Das Säcklein,
das ist hier.“

Kennen Sie
dieses Gedicht?

Es heißt …

Knecht Ruprecht

Von drauß' vom Walde komm ich her;
ich muss euch sagen, es weihnachtet sehr!
Allüberall auf den Tannenspitzen
sah ich goldene Lichtlein sitzen;
und droben aus dem Himmelstor
sah mit großen Augen das Christkind hervor,
und wie ich so strolcht' durch den finsteren Tann,
da rief's mich mit heller Stimme an:

„Knecht Ruprecht", rief es, „alter Gesell,
hebe die Beine und spute dich schnell!
Die Kerzen fangen zu brennen an,
das Himmelstor ist aufgetan,
Alt' und Junge sollen nun
von der Jagd des Lebens einmal ruhn;
und morgen flieg ich hinab zur Erden,
denn es soll wieder Weihnachten werden!"

Ich sprach: „O lieber Herre Christ,
meine Reise fast zu Ende ist;
ich soll nur noch in diese Stadt,
wo's eitel gute Kinder hat."

„Hast denn das Säcklein auch bei dir?"
Ich sprach: „Das Säcklein, das ist hier;
denn Äpfel, Nuss und Mandelkern
essen fromme Kinder gern."

„Hast denn die Rute auch bei dir?“
Ich sprach: „Die Rute, die ist hier;
doch für die Kinder nur, die schlechten,
die trifft sie auf den Teil, den rechten.“

Christkindlein sprach: „So ist es recht!
So geh mit Gott, mein treuer Knecht!“

Von drauß’ vom Walde komm ich her;
ich muss euch sagen, es weihnachtet sehr!
Nun sprecht, wie ich’s hierinnen find!
Sind’s gute Kind, sind’s böse Kind?

Theodor Storm

Der Dichter

Der Dichter, Schriftsteller und Jurist Hans **Theodor** Woldsen **Storm** wurde 1817 in Husum (Schleswig-Holstein) geboren. Dort wurde er später Landvogt (heute: Amtsrichter). Das Gedicht *Knecht Ruprecht* entstand 1862. Viele kennen auch sein Märchen *Der kleine Häwelmann* (1849) und die Novellen *Immensee* (1849) und *Der Schimmelreiter* (1888). Storm starb 1888 in Hanerau-Hademarschen, einem Dorf zwischen Husum und Hamburg.

Knecht Ruprecht

Es gibt noch ein weiteres Gedicht über den Gehilfen des heiligen Nikolaus. Es stammt von dem Dichter Martin Boelitz (1874–1918). Sein Gedicht ***Knecht Ruprecht*** geht so:

Draußen weht es bitterkalt,
wer kommt da durch den Winterwald?
Stipp-stapp, stipp-stapp und huckepack –
Knecht Ruprecht ist's mit seinem Sack.
Was ist denn in dem Sacke drin?
Äpfel, Mandeln und Rosin'
und schöne Zuckerrosen,
auch Pfeffernüss' fürs gute Kind;
die andern, die nicht artig sind,
die klopft er auf die Hosen.

Wenn der ...
... See zufriert

... gefroren hat es heuer,

noch gar kein
festes Eis.

... das
Büblein steht
am Weiher ...

… und krach! Schon bricht's hinein!

… das Büblein platscht und krabbelt …

Kennen Sie dieses Gedicht?

Es heißt …

Das Büblein auf dem Eise

Gefroren hat es heuer
noch gar kein festes Eis.
Das Büblein steht am Weiher
und spricht zu sich ganz leis:
„Ich will es einmal wagen,
das Eis muss doch nun tragen.“ –
Wer weiß?

Das Büblein stampft und hacket
mit seinem Stiefelein.
Das Eis auf einmal knacket,
und krach! Schon bricht’s hinein.
Das Büblein platscht und krabbelt
als wie ein Krebs und zappelt
mit Arm und Bein.

„O helft, ich muss versinken
in lauter Eis und Schnee!
O helft, ich muss ertrinken
im tiefen, tiefen See!“
Wär nicht ein Mann gekommen,
der sich ein Herz genommen –
o weh!

Der packt es bei dem Schopfe
und zieht es so heraus,
vom Fuße bis zum Kopfe
wie eine Wassermaus.
Das Büblein hat getropfet,
der Vater hat's geklopfet
zu Haus.

Friedrich Güll

Der Dichter

Der Dichter **Friedrich** Wilhelm **Güll** wurde 1812 in Ansbach geboren. 1842 zog er nach München, wo er 1879 starb. In München war er bis 1877 Lehrer an der protestantischen Pfarrschule. Von den bayerischen Königen Maximilian II. und Ludwig II. erhielt er als berühmter Dichter ein Ehrengehalt.

Die kältesten Winter

Der kälteste Wintermonat in Deutschland war der Februar 1956. Die Temperaturen kamen damals nicht über minus 9,6 °C. Alle großen Flüsse waren zugefroren.
Der Winter 1962/63 war für ganz Europa einer der strengsten des 20. Jahrhunderts. Wie viele anderen Gewässer war auch der gesamte Bodensee zugefroren.

Das Büblein auf dem Eise

Die erste Veröffentlichung seiner Gedichte stammt aus dem Jahr 1836. Darunter war auch *Das Büblein auf dem Eise,* das 1827 entstand.

In manchen Ausgaben wird das Gedicht so überschrieben:

Will sehen, was ich weiß
vom Büblein auf dem Eis.

Zum Thema Eis

Ab dem 12. bis zum 15. Mai haben Pankratius, Servatius, Bonifatius und Sophie Namenstag. Wie nennt man sie im Volksmund? – Richtig: *Eisheilige*
Viele Pflanzen, z. B. Tomaten, soll man erst nach den Eisheiligen ins Freie setzen.

Der Wind …
… im Winterwald

… die Flockenherde
wie ein Hirt,

und manche Tanne
ahnt, wie balde

sie fromm
und lichterheilig
wird …

… und wehrt
dem Wind und
wächst entgegen

der einen Nacht
der Herrlichkeit.

Kennen Sie
dieses Gedicht?

Es heißt …

Advent

Es treibt der Wind im Winterwalde
die Flockenherde wie ein Hirt,
und manche Tanne ahnt, wie balde
sie fromm und lichterheilig wird.

Und lauscht hinaus. Den weißen Wegen
streckt sie die Zweige hin – bereit,
und wehrt dem Wind und wächst entgegen
der einen Nacht der Herrlichkeit.

Rainer Maria Rilke

Der Dichter

Rainer Maria Rilke wurde 1875 in Prag geboren. Zu dieser Zeit gehörte Prag zur k. und k. Monarchie Österreich-Ungarn. Rilkes Geburtsnamen waren René Karl Wilhelm Johann Josef Maria. Erst 1897 änderte er seinen Vornamen René in Rainer und nannte sich fortan Rainer Maria Rilke. Der Lyriker gilt als einer der bedeutendsten Dichter der literarischen Moderne.

Eine schwere Kindheit

Als Kind hatte es der spätere Dichter nicht leicht. 1874 starb seine Schwester Sophie bereits eine Woche nach der Geburt. Den Verlust konnte die Mutter nie verkraften. Sie nannte den ein Jahr später geborenen Sohn René. Dieser französische Name bedeutet „der Wiedergeborene“. Er sollte die verstorbene Schwester ersetzen. Bis zum Alter von sechs Jahren trug Rilke Mädchenkleider, hatte lange Haare und spielte mit Puppen. Im Alter von neun Jahren trennten sich die Eltern.

Ein unstetes Leben

Der Dichter führte ein unstetes Leben. Er reiste in alle Himmelsrichtungen: Er war in Dänemark und Schweden, in Russland und Deutschland, in Italien und Spanien, in Frankreich, in der Schweiz und in Afrika. Eine dauerhafte Bleibe fand er erst 1921 im Château de Muzot im Kanton Wallis in der Schweiz.
Rainer Maria Rilke starb 1926 in einem Sanatorium bei Montreux an Leukämie. Sein Grab ist auf dem Friedhof von Raron in der Schweiz.

Zitate von Rilke

„Je mehr Liebe man gibt, desto mehr besitzt man davon.“

„Die meisten Menschen wissen gar nicht, wie schön die Welt ist und wie viel Pracht in den kleinsten Dingen, in irgendeiner Blume, einem Stein, einer Baumrinde oder einem Birkenblatt sich offenbart.“

„Es ist manchmal gut, die Sorgen so zu behandeln, als ob sie nicht da wären; das einzige Mittel, ihnen die Wichtigkeit zu nehmen.“

Herbstgedichte Rilkes

Das Gedicht „Advent“ entstand im Jahr 1897. Aus der Pariser Zeit stammt dieses 1902 verfasste Herbstgedicht:

Die Blätter fallen, fallen wie von weit,
als welkten in den Himmeln ferne Gärten;
sie fallen mit verneinender Gebärde.

Und in den Nächten fällt die schwere Erde
aus allen Sternen in die Einsamkeit.

Wir alle fallen. Diese Hand da fällt.
Und sieh dir andre an: es ist in allen.
Und doch ist Einer, welcher dieses Fallen
unendlich sanft in seinen Händen hält.

Sehr bekannt ist auch das Gedicht „Herbsttag“, ebenfalls von 1902:

Herr: es ist Zeit. Der Sommer war sehr groß.
Leg deinen Schatten auf die Sonnenuhren,
und auf den Fluren lass die Winde los.

Befiehl den letzten Früchten voll zu sein;
gib ihnen noch zwei südlichere Tage,
dränge sie zur Vollendung hin und jage
die letzte Süße in den schweren Wein.

Wer jetzt kein Haus hat, baut sich keines mehr.
Wer jetzt allein ist, wird es lange bleiben,
wird wachen, lesen, lange Briefe schreiben
und wird in den Alleen hin und her
unruhig wandern, wenn die Blätter treiben.

(aus dem Gedichtband „Das Buch der Bilder")

Zu diesem Gedicht von Rainer Maria Rilke gibt es auch ein passendes Gedicht von Friedrich Nietzsche (1844–1900). Es ist mit verschiedenen Überschriften zu finden: „Die Krähen schrei'n", „Vereinsamt", „Der Freigeist", „Abschied", „Heimweh" und „Aus der Wüste".

Es hat sechs Strophen und beginnt so:

Die Krähen schrei'n
und ziehen schwirren Flugs zur Stadt:
Bald wird es schnei'n –
wohl dem, der jetzt noch Heimat hat!

… und noch mehr Verse, Monologe, Zitate

Früher haben die Menschen viel mehr Gedichte auswendig gewusst als heute. Auch andere Texte wurden auswendig gelernt. Man konnte schließlich nicht so leicht überall nachschlagen.

Schon in der Schule wurde Auswendiglernen „trainiert“ – für so manchen Wildfang eine lästige Hausaufgabe … zumal, wenn es Texte unserer Klassiker mit vielen Strophen waren. Aber kaum sind „ein paar Jahrzehnte“ vergangen, glänzt der Lausbub von einst sogar mit Goethes „Faust“ …

Wie gerne erinnern wir uns an bestimmte Verse aus berühmten Balladen, Monologen und anderen Texten!

Hier sind einige, die Sie sicher kennen werden. Sie stammen aus **„Faust – Der Tragödie erster Teil“** von Johann Wolfgang von Goethe.

Habe nun, ach! Philosophie,
Juristerei und Medizin,
und leider auch Theologie
durchaus studiert, mit heißem Bemühn.
Da steh ich nun, ich armer Tor!
Und bin so klug als wie zuvor.

Dies sind die Anfangsverse aus dem berühmten Theaterstück.

Mein schönes Fräulein, darf ich wagen,
meinen Arm und Geleit Ihr anzutragen?

Hier bandelt Faust im 2. Akt gekonnt mit Gretchen an …

Was glänzt, ist für den **Augenblick geboren;**
das Echte bleibt der Nachwelt unverloren.

Dies sagt der Dichter im „Vorspiel auf dem Theater".

Meine Ruh ist hin, mein Herz ist schwer,
ich find sie nimmer und nimmermehr.

Dies sagt Gretchen in der Szene „Gretchen am Spinnrade"; sie ist so verliebt, dass sie sich nicht mehr auf ihre Arbeit konzentrieren kann.

Der Worte sind genug gewechselt,
lasst mich auch endlich Taten sehn;
indes ihr Komplimente drechselt,
kann etwas Nützliches geschehn.

Bis heute wird diese Stelle bei vielen Stammtischen gerne zitiert … Sie stammt ebenfalls aus dem „Vorspiel auf dem Theater".

Vom Eise befreit sind Strom und Bäche
durch des Frühlings holden, belebenden Blick;
im Tale grünet Hoffnungsglück;
der alte Winter, in seiner Schwäche,
zog sich in raue Berge zurück.

Dies sagt Faust zu Beginn seines berühmten „Osterspaziergangs" mit seinem Gehilfen Wagner.

Selbst von des Berges fernen Pfaden
blinken uns farbige Kleider an.
Ich höre schon des Dorfs Getümmel,
hier ist des Volkes wahrer Himmel,
zufrieden jauchzet groß und klein:
Hier bin ich Mensch, hier darf ich's sein!

Mit diesen Worten endet der „Osterspaziergang" aus Johann Wolfgang von Goethes „Faust". Die letzte Zeile passt nicht nur zu Ostern!

Ebenfalls von Goethe stammen diese Zeilen:

Walle! walle
manche Strecke,
dass zum Zwecke,
Wasser fließe

und mit reichem, vollem Schwalle
zu dem Bade sich ergieße.

Dies ist der berühmte Refrain aus der Ballade „Der Zauberlehrling“. Der arme Zauberlehrling weiß am Ende nicht mehr, mit welchem Zauberspruch er das Fließen des Wassers wieder beenden soll!

Fest gemauert in der Erden
steht die Form, aus Lehm gebrannt.
Heute muss die Glocke werden.
Frisch, Gesellen! seid zur Hand.
Von der Stirne heiß
rinnen muss der Schweiß,
soll das Werk den Meister loben!
Doch der Segen kommt von oben.

So beginnt „Das Lied von der Glocke“ von Friedrich Schiller. Das Gedicht hat 19 Strophen, von denen manche sehr lang sind – eine Herausforderung für alle, die es in der Schule auswendig lernen mussten. Trotzdem können viele auch nach Jahrzehnten noch Teile davon aufsagen.

Denn wo das Strenge mit dem Zarten,
wo Starkes sich und Mildes paarten,
da gibt es einen guten Klang.

Drum prüfe, wer sich ewig bindet,
ob sich das Herz zum Herzen findet!
Der Wahn ist kurz, die Reu ist lang.

Diese Zeilen stammen ebenfalls aus Schillers „Lied von der Glocke“ – sie wurden früher besonders bei Polterabenden gerne aufgesagt …

Zu Dionys, dem Tyrannen, schlich
Damon, den Dolch im Gewande:
Ihn schlugen die Häscher in Bande,
„Was wolltest du mit dem Dolche? Sprich!“
entgegnet ihm finster der Wüterich.
„Die Stadt vom Tyrannen befreien!“
„Das sollst du am Kreuze bereuen.“

So beginnt „Die Bürgschaft“, eine besonders spannende Ballade von Friedrich Schiller.
Das Ende dieser Ballade klingt so:

Und blicket sie lange verwundert an.
Drauf spricht er: „Es ist euch gelungen,
Ihr habt das Herz mir bezwungen;
und die Treue, sie ist doch kein leerer Wahn –
so nehmet auch mich zum Genossen an:
Ich sei, gewährt mir die Bitte,
in eurem Bunde der dritte!“

Aus Schillers Theaterstück „Wilhelm Tell“ kennen wir den „Rütlischwur“:

Wir wollen sein ein einzig Volk von Brüdern,
in keiner Not uns trennen und Gefahr.
Wir wollen frei sein, wie die Väter waren,
eher den Tod, als in der Knechtschaft leben.
Wir wollen trauen auf den höchsten Gott
und uns nicht fürchten vor der Macht der Menschen.

Die Ode „An die Freude“ erfreut sich bis heute allgemeiner Bekanntheit.

Freude, schöner Götterfunken,
Tochter aus Elysium,
wir betreten feuertrunken,
Himmlische, dein Heiligtum.
Deine Zauber binden wieder,
was die Mode streng geteilt,
alle Menschen werden Brüder,
wo dein sanfter Flügel weilt.
Seid umschlungen, Millionen!
Diesen Kuss der ganzen Welt.
Brüder, überm Sternenzelt
muss ein lieber Vater wohnen.

Friedrich Schiller hat diese Ode geschrieben; vertont wurde sie von Ludwig van Beethoven. Fast allen Menschen in Europa ist die Melodie als „Europa-Hymne“ bekannt. Denn bei europaweiten Live-Übertragungen wurde sie sehr oft im Fernsehen gespielt.